PODEMOS ENTENDER SINAIS

3º ANO
ALUNO

MARIA INÊS CARNIATO

PODEMOS ENTENDER SINAIS

3º ANO
ALUNO

EDIÇÃO REVISTA E AMPLIADA

Dados Internacionais de Catalogação na Publicação (CIP)
(Câmara Brasileira do Livro, SP, Brasil)

Carniato, Maria Inês
  Podemos entender sinais : 3º ano : aluno / Maria Inês Carniato ; [ilustrações Soares]. – rev. e ampl. – São Paulo : Paulinas, 2010. – (Coleção ensino religioso fundamental)

ISBN 978-85-356-0512-9

1. Educação religiosa (Ensino fundamental) I. Soares II. Título. III. Série.

10-00226   CDD-372.84

Índice para catálogo sistemático:
1. Educação religiosa : Ensino fundamental   372.84

1ª edição revista e atualizada – 2010
2ª reimpressão – 2018

Direção-geral: Flávia Reginatto

Editora responsável: Luzia M. de Oliveira Sena

Assistente de edição: Andréia Schweitzer

Copidesque: Leonilda Menossi

Coordenação de revisão: Marina Mendonça

Revisão: Ruth Mitzuie Kluska

Direção de arte: Irma Cipriani

Ilustrações: Soares

Gerente de produção: Felício Calegaro Neto

Projeto gráfico: Telma Custódio

Nenhuma parte desta obra poderá ser reproduzida ou transmitida por qualquer forma e/ou quaisquer meios (eletrônico ou mecânico, incluindo fotocópia e gravação) ou arquivada em qualquer sistema ou banco de dados sem permissão escrita da Editora. Direitos reservados.

Paulinas
Rua Dona Inácia Uchoa, 62
04110-020 – São Paulo – SP (Brasil)
Tel.: (11) 2125-3500
http://www.paulinas.org.br – editora@paulinas.com.br
Telemarketing e SAC: 0800-7010081
© Pia Sociedade Filhas de São Paulo – São Paulo, 2002

Convite a quem ama a criança

Você cuida da criança e a ama. Seja sua filha, neta, parente ou não, com certeza você deseja o melhor para ela.

A escola educa o ser humano como pessoa, cidadão, participante e responsável, mas também como ser único, situado no mistério transcendente que se manifesta por meio da religiosidade.

O Ensino Religioso não substitui a família na educação religiosa. Ele comunica o conhecimento da cultura religiosa, mas espera que as pessoas que convivem com a criança e a amam ofereçam a ela os princípios de uma vida coerente com os valores e a dignidade humana, a herança da fé familiar e a pertença a uma religião.

Nesse sentido, é preciso haver uma parceria entre a escola e você, a fim de que a criança descubra significados que respondam à sua necessidade de entender a vida, pois a educação só é possível na relação de confiança e amor.

Sendo assim, a criança será incentivada a conversar em casa, com quem ela convive, a quem ama e em quem confia. Essa tarefa pode ser desenvolvida pouco a pouco. Dependerá bastante de seu desempenho. Por isso, quando ela lhe perguntar, fale sobre as brincadeiras, as cantigas de roda, as histórias e o que mais você lembrar de sua infância. Ela também vai pedir sua ajuda para refletir sobre questões importantes da vida. Revele a ela suas crenças, suas esperanças, sua fé. É a melhor herança que você pode depositar nas mãos dessa pessoa repleta de possibilidades no presente e no futuro.

Contamos com você. Sua parceria será indispensável!

Um grande abraço da autora deste livro.

UNIDADE 1

Sinal verde para descobrir

Objetivo Observar os sinais do sagrado presentes na cultura e no ambiente. Refletir e formar opinião a respeito da religiosidade humana.

1.1. O observatório de sinais

OBJETIVO

Perceber os numerosos sinais reveladores dos sentimentos religiosos das pessoas e a cultura religiosa presente na sociedade.

SINAIS DA RELIGIÃO

Um dia, meu pai e eu fomos passear de bicicleta. Na praça, vimos pessoas que faziam gestos lentos e pareciam conversar, em silêncio, com alguém.

Perguntei a meu pai o que significava aquela cena e ele explicou que eram exercícios de concentração. As pessoas faziam isso para sintonizarem-se com a energia que Deus colocou na natureza.

Aquele encontro na praça foi para mim a descoberta de um sinal religioso. Existem outros sinais religiosos no bairro, na cidade e também na TV, nas revistas, no rádio, nas músicas, nos jornais, nas ruas e nas casas.

Concluí que a religião faz parte da vida das pessoas. Meu pai confirmou minha opinião.

COMUNICAÇÃO

O mundo é repleto de sinais do sagrado, que provam como é importante para as pessoas ter uma religião.

Você pode participar da brincadeira que será feita na sala, para observar sinais e tirar conclusões.

INVENÇÃO

Em grupo, você pode falar dos sinais do sagrado que vê no bairro, na cidade, na TV ou na sua religião.

Depois, o grupo pode desenhar, pintar, fazer colagem ou representar uma cena religiosa para a turma toda.

CHARADA

Qual o peso de uma criança que pesa 15 quilos a menos que o dobro de seu peso?

PARA CONVERSAR COM QUEM VOCÊ AMA

Em seu tempo de criança, quais eram os sinais religiosos que você conhecia?

JÁ PENSOU SE FOSSE ASSIM?

MEU PEDACINHO DE GENTE

Deus sempre sonhou com você
Oh! Meu pedacinho de gente
Bem antes de a flor nascer
Você já era semente

O tempo não pode guardar
O sonho que Deus inventou
Semente-criança se espalhou
Pra ser na Terra amor

Guardada dentro de Deus
Pertinho do coração
Bem antes de o amor nascer
Você já era semente

Zélia Patrício. CD *A bonita arte de Deus*. v. 2.
Paulinas/COMEP, 1996.

1.2. Mãos que contam histórias

OBJETIVO

Identificar as pessoas cujas atitudes de cuidado pela criança são sinais de amor, segurança, proteção e alegria de viver.

AS MÃOS DE ROSINHA

Tem umas mãos bem-amadas
Que são um pouquinho enrugadas
Às vezes umas pintinhas
Uma veinha saltada

Mas são mãos que contam histórias
De um tempo que já passou
Que afagam e secam lágrimas
Mãos de vovó, de vovô

Glória Barreto. *As mãos de Rosinha*. 2. ed. São Paulo: Paulinas, 2001. p. 10.

COMUNICAÇÃO

As religiões ensinam a amar.
Um sinal de amor é cuidar da pessoa amada.
Rosinha tem pessoas que a amam e cuidam dela.
Como sabemos que uma pessoa nos ama?

INVENÇÃO

Que tal representar as pessoas que mais amam você?

CHARADA

O que é, o que é? Todos têm em casa, mas ninguém quer na casa.

PARA CONVERSAR COM QUEM VOCÊ AMA

Agradeça às pessoas que você ama pelo amor que dedicam a você.

JÁ PENSOU SE FOSSE ASSIM?

TEMPO DE CRIANÇA

Sou criança, gosto de brincar
Gosto de viver alegre a cantar
Mas como tudo tem seu tempo certo
Eu também gosto, também gosto de estudar

Mas para viver feliz
Preciso sempre de alguém
Que me trate com amor
E me dê carinho também

Dizem que toda criança
Tem os direitos iguais
Existem muitas crianças
Dormindo sobre jornais

Toda criança precisa
De amor e de proteção
Para que assim todos possam
Saltitar com esta canção

Celina Santana. CD *Palavras mágicas*.
Paulinas/COMEP, 2002.

1.3. Vá com Deus, fique com Deus!

OBJETIVO

Perceber sinais de religiosidade na linguagem cotidiana.

PEQUENOS SINAIS DE AMOR

Aqui em minha cidade temos um costume bem típico do povo brasileiro. Quando as pessoas se despedem, dizem: "Vá com Deus!" ou "Fique com Deus!". Até nos ônibus, ouvimos os motoristas e passageiros trocarem essa bonita saudação, nos pontos de desembarque.

De tanto ouvir na rua "Vá com Deus!" ou "Fique com Deus!", comecei a dizer o mesmo em minha casa. A novidade agradou. Hoje ninguém da minha família sai sem repetir essa carinhosa saudação.

COMUNICAÇÃO

Você conhece outros sinais da linguagem que demonstrem religiosidade ou carinho e respeito?

Os sinais que você conhece são parecidos com "Vá com Deus!" e "Fique com Deus!"?

INVENÇÃO

Com o grupo, você pode escrever o texto de um diálogo.

O diálogo pode conter sinais de religiosidade, de amor, de amizade e de respeito.

Ainda com o grupo, pode transformar o texto do diálogo e fazer uma peça de teatro, um desenho ou uma canção.

CHARADA

Qual é a diferença entre o automóvel e o cachorro?

PARA CONVERSAR COM QUEM VOCÊ AMA

O que você está descobrindo nas aulas de Ensino Religioso? Amor, respeito, amizade? Converse sobre isso com quem você ama.

JÁ PENSOU SE FOSSE ASSIM?

OBRIGADO!

Obrigado de coração!
Que Deus te abençoe
Te conduza pela mão

Meu amigo, meu irmão
Teu semblante me inspira uma canção
Teu olhar revela os sonhos
Teu sorriso vem de Deus, é oração

Meu amigo, meu irmão
Tudo aquilo que na vida acontecer
Mesmo quando eu fracassar
Sentirei a tua força pra vencer

José Carlos Sala. CD *Sementinha*. v. 4.
Paulinas/COMEP, 2000.

1.4. O mundo que fala

OBJETIVO

Ouvir e identificar os sons. Aprender a refletir acerca da realidade que os sons fazem lembrar. Compreender que os sons podem também despertar sentimentos e emoção e revelar a cultura religiosa.

O CARTEIRO E O POETA

Havia um poeta que vivia longe de sua terra natal. Todos os dias, o carteiro trazia cartas das pessoas que ele amava e que estavam distantes. Os dois tornaram-se amigos.

Um dia, o poeta voltou para sua pátria. Passado algum tempo, escreveu a seu amigo carteiro e disse que estava com saudades. O carteiro gravou os sons daquela terra: as ondas do mar na praia, o grito das gaivotas, o vento nas árvores, o canto dos pássaros, as vozes do vilarejo. Copiou no computador e mandou ao poeta pela internet.

O poeta ouviu e sentiu uma emoção enorme. Aqueles sons trouxeram todas as lembranças lá vividas. E ele as guardou no coração.

Alusão ao livro *O carteiro e o poeta*, de Antonio Skármeta. 24. ed. Rio de Janeiro: Record, 2007.

COMUNICAÇÃO

Com a turma, ouça a gravação de sons do meio ambiente. Depois desenhe o que você imaginou.

Com seu grupo, descubra tudo o que os sons fazem lembrar.

Há coisas boas que podem ficar assim e outras que precisam ser mudadas?

INVENÇÃO

Que tal fazer um megafone de papel?

Ele serve para falar e para ouvir os sons.

CHARADA

O que é, o que é? Tem movimento, mas não é vento.

É amarelo, e não é marmelo.

Não é bicho, mas se reproduz.

Não é mamãe, e pode dar a luz.

Não é o Cascão, mas não quer água não.

No dia em que o toquei, doeu minha mão.

PARA CONVERSAR COM QUEM VOCÊ AMA

Você gosta dos sons da natureza?

Existe algum som que faça você pensar em Deus?

JÁ PENSOU SE FOSSE ASSIM?

O VENTO

Escute o vento baixinho
Agradecendo à vida
Soprando ele vai mansinho
Soprando ele vai mansinho

Você o sentiu?
Ele passou!
Você o sentiu?
Ele passou!

Agora é Deus que fala
Ensina o segredo da vida
E fala baixinho
E fala baixinho

Você o escutou?
Ele falou!
Pra quem o escutou
Ele falou!

Zélia Patrício. CD *A bonita arte de Deus*. v. 1. Paulinas-COMEP, 1996.

UNIDADE 2

O posto de observação

Objetivo Desenvolver a capacidade de compreender realidades que não são claras à primeira vista, mas podem ser notadas por meio de sinais da linguagem e dos símbolos.

2.1. O nó nas orelhas do coelho

OBJETIVO

Compreender que os sinais muitas vezes revelam intenções e dão "recados sem palavras" entre as pessoas.

O RECADO SEM PALAVRAS

Você é fã da turma da Mônica?

Os meninos gostam de deixar a Mônica furiosa. Eles fazem um nó nas orelhas do coelhinho dela e depois se escondem, para vê-la "bufar" de raiva.

Eles não dizem nada, mas ela vê o "recado sem palavras". Assim a Mônica entende a intenção que eles tiveram: deixá-la furiosa.

O que acontece depois, quando a Mônica se encontra com os meninos?

COMUNICAÇÃO

Por que a Mônica reage com raiva quando vê um nó nas orelhas do coelho?
Você lembra outros exemplos de "recados sem palavras"?
O que eles querem dizer?

INVENÇÃO

Com sua equipe, você pode brincar de ir visitar outra equipe. Preste atenção às orientações da professora.

Observe como as pessoas se sentem quando são bem ou mal recebidas.

CHARADA

O que é, o que é? Quanto mais cresce, mais perto fica do chão.

PARA CONVERSAR COM QUEM VOCÊ AMA

Quais os "recados sem palavras" que podemos mandar, para comunicar nosso amor pelas pessoas?

JÁ PENSOU SE FOSSE ASSIM?

DE MIM PRA VOCÊ

De mim pra você
Um sorriso feliz
Do meu coração
Alegria e ternura

De mim pra você
Eis a minha canção
Se fez de carinho
Nasceu dos compassos do meu coração.

Uma pausa para o contemplar
E sentir o seu jeito de amar
Só em nota maior vai caber
Todo o amor que guardei pra você
De mim pra você

Zélia Patrício. CD *A bonita arte de Deus*. v. 2.
Paulinas/COMEP, 1996.

2.2. Meu cachorro me pôs "numa fria"

OBJETIVO

Assumir as consequências dos próprios atos, que se manifestam por sinais. Sentir-se capaz de decidir, agir e transformar.

QUE "FRIA"!

Durante as férias na fazenda, fui brincar em um lago. O sol estava queimando e minha mãe me pediu que saísse da água. Eu pensei: "Mamãe está se preocupando demais. Não há nenhum problema". E continuei por um bom tempo.

Naquela noite, minha garganta doeu, mas eu não disse nada a ela. No dia seguinte, levantei-me com os olhos vermelhos e a voz rouca. Não pude mais esconder.

Minha mãe não me deu bronca. Ela só conversou comigo e me explicou: os atos sempre têm consequências, que podem afetar a nós ou a outras pessoas.

Meu pai foi à cidade buscar o médico para me ver. Quando o vi preparando uma injeção, me escondi debaixo da cama. Mas meu cachorro quis demonstrar solidariedade: veio farejando e abanando o rabo. Entrou debaixo da cama e deu latidinhos de contentamento ao me encontrar. Papai veio atrás dele e guiou o médico até mim: não teve jeito: "entrei numa fria!".

COMUNICAÇÃO

As religiões mostram a capacidade que temos de tornar o mundo muito melhor.

Com nossas ações, podemos exercitar o bem.

Mas, muitas vezes, nossas ações têm resultados que fazem sofrer a nós e a outras pessoas.

Você se lembra de ter agido assim alguma vez? Conte para a turma.

INVENÇÃO

Com o seu grupo, você pode inventar uma história em quadrinhos, encenação ou teatro de fantoches, que mostre uma ação e seu resultado.

Que tal fazer fantoches como estes?

CHARADA

O que é, o que é? Faça, aprenda e se forme; depois, tire o "c" e corra!

PARA CONVERSAR COM QUEM VOCÊ AMA

Pergunte para quem você ama: quando criança, você se lembra de ter feito algo para agradar alguém que amava?

JÁ PENSOU SE FOSSE ASSIM?

A SEMENTINHA

Se você não cuidar da sementinha
Que mora em você
Ela vai morrer, ela vai morrer!

Se eu não cuidar da sementinha
Que mora em mim
Vai ficar assim, vai ficar assim!

Sempre sementinha,
sempre sementinha
Coitadinha, não vai crescer!

Zélia Patrício. CD *A bonita arte de Deus*. v. 7.
Paulinas/COMEP, 1996.

2.3. Passeio no tempo

OBJETIVO

Tomar consciência da capacidade de descobrir aspectos da realidade social, mediante a interpretação das consequências. Sentir-se capaz de participar de iniciativas coletivas de cidadania.

A MUDANÇA NECESSÁRIA

No aniversário de nossa professora fizemos uma surpresa. Pedimos a ela que a aula de Ensino Religioso fosse no parque, perto da escola.

Depois da aula era hora do recreio e sentamos no gramado para o lanche. Pedimos à professora que contasse algo de seu tempo de criança. Ela se lembrou de um passeio que fez com a turma, à margem de um riacho. A água estava cheia de lixo e naquele dia a turma decidiu cuidar do riacho. Todas as pessoas da escola apoiaram a ideia. As famílias do bairro também entenderam a importância de participar dessa ação. Pouco a pouco as águas correntes voltaram a ter vida.

Quando a professora terminou seu relato, todos nós pensamos: "Nossa turma também pode descobrir uma necessidade da escola ou do bairro. Podemos agir em conjunto para mudar o que precisa ser mudado".

COMUNICAÇÃO

As religiões ensinam que podemos melhorar o mundo.
Fazemos isso mudando para melhor tudo aquilo que não é bom.
O que acontece quando usamos água poluída?

INVENÇÃO

Com a turma, você pode brincar de pular o riacho.
Com sua equipe, pode descobrir a solução para limpar o riacho.
Depois, pode escolher o material para representar o riacho limpo. Faça da forma que quiser: com desenho, pintura, colagem, maquete etc.

CHARADA

Cinco crianças comem 5 frutas em 5 minutos.
Em quanto tempo 50 crianças comerão 50 frutas?

PARA CONVERSAR COM QUEM VOCÊ AMA

Você já participou de alguma ação conjunta para mudar algo que não estava bom?

JÁ PENSOU SE FOSSE ASSIM?

QUE SERÁ DE MIM?

Eu só tenho este mundo
Pra morar, pra crescer
Se eu não cuido deste mundo
Onde é que vou viver?

Se eu não cuido da água
Que será do peixinho?
Que será de mim, que será de mim?
Se eu não cuido da água
Que será de mim?

Se eu não cuido da terra
Que será da plantinha?
Que será de mim?
Que será de mim?
Se eu não cuido da terra
Que será de mim?

Se eu não cuido do ar
Que será da avezinha?
Que será de mim?
Que será de mim?
Se eu não cuido do ar
Que será de mim?

Preservar a natureza
É reconhecer o valor da vida
Preservar a natureza
É retribuir o amor de Deus

Maria Sardenberg. CD *Tra-la-lá*. Paulinas/COMEP, 2001.

2.4. Personagens do espaço

OBJETIVO

Tomar consciência da capacidade de criar com a imaginação. Preparar-se, assim, para experimentar a linguagem simbólica e poética, própria da cultura religiosa.

HISTÓRIA ESPACIAL

Legal é deitar no quintal de barriga para cima. Olhar para o céu e ver as nuvens brancas que passam. Ver o formato delas e imaginar personagens de histórias.

Sabe como descobri essa técnica espacial? Eu estava no quarto, divertindo-me com o videogame. Então, entrou Zezé, uma pessoa que eu amo de verdade. Ela cuida de mim desde que nasci. Não é minha mãe, nem minha avó, nem minha tia, mas eu sei que ela também me ama. A idade dela é igual ao resultado da minha vezes oito. Penso que é por isso que nos entendemos tão bem. Ela sabe tudo de mim e do mundo!

Quando ela entrou no quarto, eu perguntei: "Zezé, com que você se divertia quando tinha minha idade?". Ela riu e respondeu: "Isso faz muito tempo. Os brinquedos eram diferentes. Mas algo continua igual, venha cá". Pegou um tapete e me levou ao quintal. Deitamos nele e ficamos olhando o céu. Ela apontou para as nuvens brancas e, de repente, apareceram no céu dezenas de personagens, para nós inventarmos histórias.

COMUNICAÇÃO

Quais são suas personagens de televisão preferidas?

Você já notou que as formas das nuvens podem se parecer com personagens de histórias?

Com sua equipe, você pode pingar tintas de várias cores em um papel. Pode dobrar o papel e, depois, abri-lo. A tinta terá formado belas imagens.

Você pode conversar a respeito do que as imagens se parecem e a equipe pode dar um título para a obra de arte.

INVENÇÃO

Que tal construir um paraquedas?

Só não é aconselhável prender nele seu animal de estimação!

CHARADA

Como tirar 1 de 14 e obter 15?

PARA CONVERSAR COM QUEM VOCÊ AMA

Em sua religião são contadas histórias?

Quais os personagens principais dessas histórias?

32 | **Podemos entender sinais** Livro do aluno

JÁ PENSOU SE FOSSE ASSIM?

NUVENS DE ALGODÃO

Olha lá no céu
Nuvens de algodão
Agora é só brincar
Com a imaginação

Viajar num lindo barquinho
No universo deslizar
Descobrir um carneirinho
Que parece até voar

Neste mundo tão bonito
Todos poderão sonhar
Basta olhar o infinito
E deixar o azul te levar

E manter a esperança
No coração
Crer neste mundo criança
Onde todos são irmãos
Saber que a roda da vida
Sempre vai girar
Cada chegada ou partida
É sempre um jeito novo de recomeçar

Dirley. CD *Mundo melhor*. Paulinas/COMEP, 1998.

UNIDADE 3

O olhar do coração

Objetivo Sentir-se participante de uma cultura em que existem sinais e símbolos. Desenvolver a capacidade de comunicação pela linguagem simbólica e poética, própria das religiões.

3.1. A noite da passagem

OBJETIVO

Refletir acerca da existência de símbolos que representam valores universais.

A NOITE DA PASSAGEM DE ANO

A passagem de ano, em minha casa, é uma reunião familiar. Assistimos à comemoração em várias cidades do Brasil pela TV. Vemos os fogos de artifício e a multidão de roupa branca. Acompanhamos a contagem regressiva. Desejamos felicidade e paz para as pessoas no ano que se inicia e fazemos uma prece.

Toda a minha família veste branco na noite da passagem. É um símbolo de paz. Depois, durante o ano, quando brigo com minha irmã, mamãe nos faz lembrar: "Vocês não vestiram branco na passagem do ano?".

Mas tudo sempre acaba em paz, porque briga de irmãos, no fundo, também não passa de um sinal de amor.

COMUNICAÇÃO

Usar roupa branca na passagem de ano é um símbolo de paz.
Quais outros símbolos você conhece?

INVENÇÃO

Você pode criar um símbolo como este ou outro que preferir.
Pode desenhar, pintar, fazer colagem ou inventar algo com sucata.

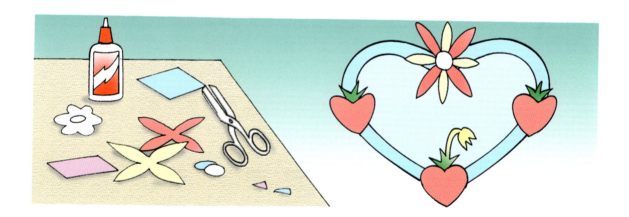

CHARADA

Esta não tem resposta: carro sem para-choque leva choque?
Agora é a sua vez: invente outras charadas sem resposta.

PARA CONVERSAR COM QUEM VOCÊ AMA

Conte o que você descobriu a respeito de símbolos e sinais.

JÁ PENSOU SE FOSSE ASSIM?

POMBINHA DA PAZ

O dilúvio parou
O sol brilhou
E da Arca de Noé
Uma pombinha voou

O arco-íris no céu apareceu
Sinal da aliança que então aconteceu

E pra Arca de Noé
A pombinha voltou
Com um raminho de oliveira
Verde esperança de amor

Pombinha branca
Mensageira da paz
Entre Deus e os homens
Entre a terra e o céu

Maria Sardenberg. CD *A voz dos pequeninos*.
Paulinas/COMEP, 1997.

3.2. Acende a fogueira no meu coração

OBJETIVO

Compreender a linguagem poética e simbólica, como característica marcante da cultura brasileira, do folclore e da religiosidade.

SÃO JOÃO, SÃO JOÃO, ACENDE A FOGUEIRA NO MEU CORAÇÃO

A cultura brasileira tem símbolos e linguagem simbólica. Às vezes, nos expressamos de uma forma, mas queremos dizer algo diferente. Isso significa que nem tudo pode ser dito com palavras exatas. Então, usamos as comparações para expressar o que queremos dizer.

É o caso de "acende a fogueira no meu coração". Não nos referimos a um fogo material, feito com gás ou lenha. Esta é uma linguagem simbólica.

COMUNICAÇÃO

O que quer dizer "acender uma fogueira no coração"?

O que significa a linguagem simbólica?

Você conhece alguma religião em que o fogo é usado como símbolo?

INVENÇÃO

Que tal experimentar uma receita com gosto de festa junina?

FRAPÊ ROSINHA

INGREDIENTES:

- 4 copos de leite gelado;
- 5 colheres de sopa de achocolatado em pó sabor morango ou groselha;
- 1 vidro pequeno de leite de coco;
- açúcar a gosto.

MODO DE FAZER:

Bater tudo no liquidificador e servir gelado.

CHARADA

Como esconder um elefante em uma moita de morangos?

PARA CONVERSAR COM QUEM VOCÊ AMA

Para você, o que quer dizer: "Acende a fogueira no meu coração?".

JÁ PENSOU SE FOSSE ASSIM?

MANTER A TRADIÇÃO

Mês de junho chegou
É pra manter a tradição
A fogueira acesa
Vai haver festança
Em louvor de São João

Santo Antônio e São Pedro
Também vamos festejar
Na ilha dos sonhos
Tem um lindo arraial

Vou pular fogueira
Fazer adivinhação
Preservar a cultura
É manter a tradição

João Collares. CD *Festança no "arraiá"*.
Paulinas/COMEP, 1998.

3.3. O armário da História

OBJETIVO

Refletir acerca de tudo que não é possível explicar só com palavras. Descobrir que existem símbolos universais, usados por todas as religiões.

O MUNDO TODO NO ARMÁRIO

A mãe de minha melhor amiga é professora de História. Ela tem em casa um armário de vidro. Dentro dele há centenas de objetos de vários formatos, tamanhos e cores. Eles representam várias épocas e lugares do mundo.

Um dia, estávamos admirando aquelas lindas obras de arte quando a mãe da minha amiga chegou. Então começamos a pedir explicações do significado de alguns objetos. Ela nos fez ver que no mundo inteiro as pessoas usam símbolos. Eles representam aquilo que não pode ser comunicado só com palavras.

Alguns símbolos são usados por religiões do mundo todo:

SOL
símbolo de Deus Criador

ÁRVORE
símbolo do ser humano

CHAMA DE FOGO
símbolo da luz de Deus

ÁGUA
símbolo da vida de todos os seres

COMUNICAÇÃO

Você leu no texto anterior que a professora de História guardava objetos em seu armário. Imagine que você tem um armário para guardar a história de sua vida. O que colocaria nele?

INVENÇÃO

Que tal fazer bolhas de sabão e ver as cores da luz refletidas nelas?

Você pode usar um canudinho de refrigerante e um pouco de sabão em pó dissolvido em água. Depois é só soprar.

CHARADA

O que é, o que é? O que você faz sem querer quando se expõe ao Sol?

PARA CONVERSAR COM QUEM VOCÊ AMA

Para você, qual o significado sagrado da luz?

E o da água?

Por quê?

O olhar do coração **Unidade 3** | 43

JÁ PENSOU SE FOSSE ASSIM?

NÓS SOMOS ARTISTAS

Nós somos artistas e vamos pintar
Este mundo com muita ternura
Espalhar alegria... derramar muito amor
Pois nossas mãos sabem fazer
Gente feliz sorrir
A flor cantar
Peixe no mar
E um céu azul pro Sol morar

Zélia Patrício. CD *A bonita arte de Deus*. v. 2.
Paulinas/COMEP, 1996.

3.4. O segredo do livro

OBJETIVO

Identificar os principais símbolos que caracterizam as tradições religiosas e compreender a função de cada uma delas como caminhos que levam ao encontro de Deus.

A PESQUISA

Nossa escola é grande: tem três turmas do terceiro ano.

No mês passado as professoras organizaram uma pesquisa conjunta. O tema foi: "A amizade entre as religiões".

A tarefa de nossa turma era descobrir os principais símbolos de cada tradição religiosa. As outras duas turmas se esforçaram para encontrar material. Mas nós concluímos a pesquisa rapidamente. Tínhamos um segredo: o livro que a avó de uma colega nos emprestou.

No livro havia os principais símbolos, vestes, lugares sagrados e ritos das religiões. Nós, assim, entendemos ainda mais aquilo que já conhecíamos pela TV, por revistas e por filmes. Conhecemos também os significados sagrados que as tradições religiosas encontram em seus símbolos.

ATABAQUE
símbolo das religiões africanas

CHOCALHO
símbolo das religiões indígenas

CANDELABRO
símbolo da religião Judaica

YING-YANG
símbolo da religião Taoísta

LUA CRESCENTE
símbolo da religião Islâmica

BÍBLIA
símbolo de todas as Igrejas Cristãs

PORTAL
símbolo da religião Budista

COMUNICAÇÃO

Os símbolos mostram como as pessoas em cada religião procuram se aproximar de Deus.

As religiões são caminhos para Deus.

Elas não têm motivo algum para serem inimigas umas das outras. Por isso é preciso superar os preconceitos e rivalidades e aprender muito com a diversidade.

Podemos ter amizade com pessoas de religiões diferentes da nossa.

INVENÇÃO

Você pode pensar na religião de sua família.

Se sua família não tem religião, pense em uma que você conhece.

Pense no modo como as preces são feitas nessa religião.

Depois, você pode escrever uma prece, como se estivesse conversando com Deus.

Pode agradecer por ter colegas de outras religiões e pedir a proteção de Deus para todos.

CHARADA

O que é, o que é? O cachorro que não morde ninguém, mas é mordido por todos?

PARA CONVERSAR COM QUEM VOCÊ AMA

Quais os símbolos mais usados em sua religião? Qual o significado deles?

JÁ PENSOU SE FOSSE ASSIM?

ORAÇÃO DA CRIANÇA*

Querido Deus, gosto muito de você
Gosto de meu pai, de minha mãe
De meus familiares
E de todos os meus amigos

Deus, obrigado pelos brinquedos
Pela escola, pelas flores
Pelos bichinhos e por todas as coisas
Boas e bonitas que você fez

Quero que todas as crianças
O conheçam e gostem de você
Obrigado, Deus,
porque você é muito bom

Maria Inês Carniato. *Oração da criança.*
São Paulo, Paulinas, 2001.

* Esta *Oração da criança* não tem melodia, portanto não consta no CD.

UNIDADE 4

A morada dos sábios

Objetivo Compreender a forma de expressão das religiões: pela linguagem simbólica e poética. Exercitar a capacidade de expressar-se nessa linguagem. Identificar os símbolos das principais tradições religiosas da humanidade.

4.1. Os olhos do coração

OBJETIVO

Compreender a experiência e a linguagem humanas como fundamentos do símbolo, sinal da procura por Deus.

A GALERIA DE ARTES

Minha turma foi visitar uma galeria de artes. Havia muitas pinturas e esculturas bonitas. O que eu achei mais legal foram as formas e cores. Os artistas comunicam valores, ações e momentos importantes da vida por meio delas.

Depois da visita, conversamos na sala. Esta foi nossa conclusão: a arte representa a imaginação e os sentimentos. É preciso olhar para a arte e também para as pessoas com os olhos do coração.

COMUNICAÇÃO

O que significa ver as pessoas com os olhos do coração?

INVENÇÃO

As religiões usam a linguagem do coração. Por isso, elas têm símbolos.

Você pode descobrir, com os olhos do coração, uma qualidade de cada colega da classe.

As qualidades serão escritas no quadro, ao lado de cada nome. Depois os nomes serão sorteados.

Você pode escolher o material e fazer um símbolo que represente a pessoa que você recebeu.

Por fim, pode apresentar o símbolo para a turma. Depois, oferecê-lo à pessoa que ele representa.

CHARADA

A cachorra Lessie tem uma ninhada de filhotes.

Cada filhote fêmea tem o mesmo número de irmãos e irmãs.

Cada filhote macho tem duas irmãs.

Qual o total da ninhada?

PARA CONVERSAR COM QUEM VOCÊ AMA

Você tem algum objeto que é símbolo de algo importante em sua vida?

JÁ PENSOU SE FOSSE ASSIM?

UM MUNDO FELIZ

Deus espalhou no céu muito espaço
E com o seu pincel pintou o amor

Te fez de ternura
Te deu luz e cor
Pra ti inventou
Um mundo feliz

Aqui no meu papel eu sou o espaço
Venha com seu pincel criar o amor

Ser mais esperança
Soltar o amor
Criar, inventar
Um mundo feliz

Zélia Patrício. CD *A bonita arte de Deus*. v. 2.
Paulinas/COMEP, 1996.

4.2. A sociedade da esfera

OBJETIVO

Entender e exercitar o uso do símbolo, como forma de comunicar sentimentos, experiências e crenças.

O DIREITO DE VER E PENSAR

Em nossa sala de aula, fundamos a "Sociedade da Esfera". É um símbolo para nós. Ela tem a forma do globo terrestre. Quando a pegamos, é como se o mundo inteiro estivesse em nossas mãos.

Quando a esfera está na mão de alguém, ela simboliza a sabedoria. É o direito que a pessoa tem de dar sua opinião e ser escutada com respeito.

Toda pessoa tem capacidade de refletir sobre os conhecimentos e compreendê-los. Mas isso requer também respeito e atenção de quem a ouve. A esfera nos ajuda a seguir as regras de respeito que nós mesmos criamos. Desse modo, as conversas na sala são superlegais e todos crescem no conhecimento.

COMUNICAÇÃO

Vamos recortar gravuras e frases de jornais para montar nosso painel.

Depois de pronto, você pode observar o que existe no mundo atual e também pode conversar a respeito dos sinais que você vê.

INVENÇÃO

Com a turma, você pode brincar de "Sociedade da Esfera".

Quando você pegar a esfera da sabedoria, pode dar seu sábio conselho ao mundo.

PARA CONVERSAR COM QUEM VOCÊ AMA

O que você deseja assumir como compromisso para melhorar o mundo?

JÁ PENSOU SE FOSSE ASSIM?

PLANETA TERRA

Coração, me dê a mão
Vamos juntos viajar
Com a imaginação
Até um bom lugar

Um lugar para se cuidar
Com carinho e muito amor
Mil belezas para se achar
Por onde a gente for

A luz de uma estrela vai dizer
Que para ser feliz
É só ter fé
Olhar para o céu e crer

Onde estamos é o lugar
Mais bonito para viver
O planeta Terra
A linda bola azul de Deus

Onde estamos é o lugar
Mais bonito para viver
Vem cuidar comigo
Da nossa Terra

Se você quiser saber
Onde fica esse lugar
Fica dentro de você
É só imaginar

Mas se alguém quiser também
Ver um mundo assim real
Tem que só pensar no bem
E esquecer o mal

Demian. CD *Fofão, o coco do coqueiro*. Paulinas/COMEP, 1998.

4.3. A gruta do sábio

OBJETIVO

Experimentar a capacidade de criar com base na imaginação e na linguagem simbólica. Perceber que é possível refletir simbolicamente acerca da vida e tomar atitudes que a tornem melhor

A SURPRESA DA MONTANHA

Há muito tempo, em um lugar distante, havia uma montanha muito alta.

Quem tivesse a coragem de enfrentar a escalada, tinha uma surpresa ao chegar lá em cima. Um velho sábio vinha convidar o alpinista a descansar em sua gruta. Oferecia-lhe alimento, o calor da fogueira e preparava-lhe um lugar para o repouso.

Alguns ficavam encantados com a surpresa. Passavam vários dias em companhia do sábio. Outros queriam ficar ali para sempre. Mas ele dizia que deviam descer. Precisavam ensinar a outras pessoas o que haviam aprendido.

COMUNICAÇÃO

O que significa ter sabedoria?

Como se pode reconhecer que uma pessoa é sábia?

INVENÇÃO

Você pode desenhar como imagina a montanha e a gruta.

Com a imaginação, pode entrar na gruta e ver o sábio.

Pode imaginar o que o sábio fez quando você chegou.

CHARADA

Esta não tem resposta...

Ponto de ônibus, ponto de partida, ponto de bordado, ponto de explodir...

Que tipo de ponto se aumenta num conto?

PARA CONVERSAR COM QUEM VOCÊ AMA

Você frequenta uma comunidade de alguma religião?

O que significa ser sábio na sua tradição religiosa?

O que significa ser sábio para você?

JÁ PENSOU SE FOSSE ASSIM?

CAMINHOS DE PAZ

Quero a liberdade de andar, de correr
Quero ter sorriso e ter paz no coração
Quero ter alguém que me ajude a crescer
Quero caminhar segurando a sua mão

Quero pisar um caminho de paz
Que com saudades se deixa pra trás
Quero que as flores me vejam crescer
Quero este amor que me ajude a viver

Quero meu vizinho comigo a brincar
Quero meu quintal sem muralha e sem portão
Quero os meus amigos comigo a estudar
Quero ver crianças cantando uma canção

Quero ver meus pais em momentos de amor
Quero ter irmãos, quero ter recordação
Quero ter saudades do meu professor
Quero pela vida entender sua lição

José Acácio Santana. CD *Sementinha*. v. 4.
Paulinas/COMEP, 2000.

4.4. O carregador de cestos

OBJETIVO

Compreender que as pessoas que amam a vida, e procuram conviver em harmonia com tudo que há de bom no meio ambiente e com quem as rodeia, entendem a comunicação simbólica e poética.

OS CESTOS DA SABEDORIA

Muitos anos atrás, não havia meios de transporte como hoje. Quase tudo era carregado em cestos.

Você conhece um cesto? Até hoje eles são usados. Podem ser feitos de bambu, de vime, de cipó, de junco, de sisal e de muitos outros materiais.

Os budistas consideram que o ensinamento de Buda é como cestos cheios de sabedoria. A pessoa que tem sabedoria sabe fazer os outros felizes. É como se essa pessoa levasse cestos cheios de tudo o que é bom para compartilhar com todos os que se aproximam dela.

COMUNICAÇÃO

Você pode pensar em tudo o que tem para oferecer às pessoas: amizade, companhia, ajuda, conhecimentos.

Pode inventar um termo que explique aquilo que você tem de mais legal. Por exemplo: Gabriel, o amigo da natureza; Júlia, a que gosta de ajudar; Luísa, a boa companheira.

Pode apresentar-se para a turma e explicar o motivo de seu título.

INVENÇÃO

Você pode fazer cestos de jornal enrolado.

Comece fazendo canudinhos de jornal.

Depois entrelace-os bem apertadinhos ao redor de uma vasilha redonda.

Quando o cesto estiver na altura desejada, retire a vasilha.

Passe cola nas pontas que sobraram, dobre para dentro e passe por debaixo da parte já entrelaçada.

Pinte de marrom, para se assemelhar a um cesto de vime.

CHARADA

O que é, o que é? Nasce e cresce com as raízes para cima?

PARA CONVERSAR COM QUEM VOCÊ AMA

Imagine que você tem um cesto repleto de tudo aquilo que faz as pessoas felizes.
A quem você quer distribuí-lo?

JÁ PENSOU SE FOSSE ASSIM?

MEU SORRISO NÃO É SÓ MEU

Meu sorriso não é só meu
Foi Deus quem me deu
Este sorriso que não é só meu

O que eu tenho de bom
É pra dar aos meus irmãos

Meu brinquedo não é só meu
Foi Deus quem me deu
Este brinquedo que não é só meu

Meu alimento não é só meu
Foi Deus quem me deu
Este alimento que não é só meu

Meu dinheiro não é só meu
Foi Deus quem me deu
Este dinheiro que não é só meu

Pe. Zezinho. CD *Lá na terra do contrário / Deus é bonito*.
Paulinas/COMEP, 1985.

A morada dos sábios **Unidade 4** | 61

Respostas das charadas

Página **9**
A criança pesa 15 quilos.

Página **12**
O fogo.

Página **15**
O automóvel pega para correr e o cachorro corre para pegar.

Página **18**
O fogo.

Página **23**
O rabo do cavalo.

Página **26**
curso – "c" = urso

Página **29**
Em 5 minutos, pois é o tempo que cada criança precisa para comer sua fruta.

Página **32**
Escrever em algarismos romanos: XIV – I = XV

Página **41**
Pintando as unhas dele de vermelho.

Página **43**
Sombra.

Página **47**
O cachorro-quente.

Página **51**
Três filhotes: duas fêmeas e um macho.

Página **60**
Os dentes superiores.

Sumário

Convite a quem ama a criança 5

UNIDADE 1 – Sinal verde para descobrir
    1.1. O observatório de sinais 8
    1.2. Mãos que contam histórias 11
    1.3. Vá com Deus, fique com Deus! 14
    1.4. O mundo que fala 17

Unidade 2 – O posto de observação
    2.1. O nó nas orelhas do coelho 22
    2.2. Meu cachorro me pôs "numa fria" 25
    2.3. Passeio no tempo 28
    2.4. Personagens do espaço 31

UNIDADE 3 – O olhar do coração
    3.1. A noite da passagem 36
    3.2. Acende a fogueira no meu coração 39
    3.3. O armário da História 42
    3.4. O segredo do livro 45

UNIDADE 4 – A morada dos sábios
    4.1. Os olhos do coração 50
    4.2. A sociedade da esfera 53
    4.3. A gruta do sábio 56
    4.4. O carregador de cestos 59

Respostas das charadas 63